Leichtes Gepäck

Peter Salomon

wurde 1947 in Berlin geboren und lebt in Konstanz am Bodensee.
Zu seiner Person und zum literarischen Werk siehe:
https://de.wikipedia.org/wiki/Peter_Salomon
https://www.literaturport.de/lexikon/peter-salomon/

Peter Salomon

Leichtes Gepäck

© 2024 Peter Salomon, Konstanz
Gestaltung: Wolfgang Brenneisen
Herstellung und Verlag:
BoD – Books on Demand, Norderstedt
ISBN 9783757824792

Inhalt

Inhaltsangabe eines Gedichts

In der 1. Strophe wird jemand erschossen.
Der Mörder ist blind und zielt bloß nach dem Geruch.
Das Opfer sitzt beim Friseur auf dem Rasierstuhl.
Sein Gesicht und Halsansatz sind dick
mit weißem Schaum bedeckt.
Der Friseur dreht ihm den Kopf in die richtige Stellung:
Schräg nach oben und hin zur geöffneten Ladentür.
Der Hals ist jetzt sehr lang.
Er sagt: "Schön stillhalten so!" und setzt sein Messer an.
In diesem Moment ertönt ein schallgedämpftes "plopp" vom
gegenüberliegenden Straßencafé her, wo der Blinde
eine Tasse Schokolade bestellt hat.
Aus dem Rasierschaum kommt ein dicker Strahl Blut.
Der Friseur denkt
er hat seinen Kunden geschnitten.
Er denkt: "Oh weh! Ein Bluter!"
und ruft Arzt und Polizei.

In der 2. Strophe erscheinen Arzt und Polizei.
Sie fragen den Blinden, ob er etwas gesehen hat.
Sie entschuldigen sich für ihre Taktlosigkeit.
Sie kommen mit den Ermittlungen nicht weiter, und

mich verlässt die Lust, das Gedicht zu Ende zu schreiben.
"Scheiße!", denke ich, "du kannst machen, was du willst,
es wird immer nur ein Gedicht bleiben!
Es wird nie ein Film draus werden!"

Die Lesben

Die Lesben lagern lastig in den Liegen.
Sie lecken lüstern lappige Lamellen
Und lispeln, wenn die roten Labien schwellen
Und alle Säfte in den Kamm gestiegen.

Wie sich die Leiber zueinander biegen
Wie spreizend sie die nassen Schenkel stellen
Wenn aus den Grotten süße Tropfen quellen
Und sich die Zungen um die Zipfel schmiegen.

Denn dann formiert sich alles zum Finale
Ein Schauer öffnet glitschiges Gefieder
Und Brüste schwingen schnell wie Kirchenglocken.

Die Spalten klaffen auf wie eine Schale
Ein Zittern läuft durch der Tribaden Glieder
Und dicker Seim spritzt vor in Wolllustflocken –

Recht haben

Siehst du
Wenn du bei deiner Meinung
Geblieben wärst, statt
Mir nach dem Mund zu reden
Hättest du jetzt recht!

Aus dem Englischen

Ich wollte schon immer mal
Ein Gedicht auf Englisch schreiben. Schließlich
Habe ich neun Schuljahre Englisch gehabt.
Aber Oh! was ist daraus geworden?
Es ist eine Schande.

Immerhin, ich verstehe fast alles und jeden
Und ich kann mich verständigen.
Okay, als Schüler hätte ich eine 5 für bekommen.
Ah! diese Fehler! Und was heute so durchgeht.

Ich schreibe also dieses Gedicht nicht nur in Englisch
Ich übersetze es auch gleich wieder zurück.
Schwer zu sagen, was ich damit ausdrücken will
Mir fehlt doch der Wortschatz, es zu erklären.
Aber es ist simultan!

Nächtliches Bild aus einem abgelegenen Hafenwinkel

Es war eine kühle und ziemlich helle Nacht.
Seinem Hemd über dem Bauch war ein Knopf abgekracht.
Da klaffte es etwas auf, paar Haare kamen draus vor.
Ein Stück getrocknetes Ohrenschmalz fiel ihm aus dem Ohr.

Er hatte es gerade aufgegeben, seinen Hund zu rufen.
Faltig sah er aus und schlaff vom vielen Suchen.
Auf der Kaimauer saß er, durchblätterte ein Donald-Duck-
Heft, rauchte, trank aus seinem Flachmann `nen Schluck.

Die Kaimauer war noch ganz warm vom Tag.
Viele Hände lagen drauf, schwitzig und flach.
Wenn einer eine Hand wegnahm, war da ein feuchter Fleck.
Aber nicht lange, die leichte Brise blies ihn weg.

Es war so eine Nacht für Bilanzen und Reminiszenzen.
Einer begann mit seinem letzten Capri-Urlaub rumzustenzen.
Ich hatte das Gefühl, wieder mal mehr und genauer zu sehn
Als sonst. Ich blieb und sah uns an der Kaimauer stehen.

Von Dauer

Von Dauer sind nur Gestern oder Morgen
Und immer wieder die Vergesslichkeit
Ich kann dir eine Zigarette borgen
Ich zahl dir`n Bier für deine Sorgen
Doch wenn du glaubst du tust mir leid

Dann liegst du schief Mich interessiert nur
Deine Haut ich will dich bloß ganz nackt
In deiner Jugend schon so schamlos abgefuckt
Vom Nabel abwärts lecke ich die Spur
Für mein Vorübergehen Ich bleibe stets abstrakt

Kurt außer sich

Langsam reichts. Das war zu ville!
So redet Kurt. Putzt dabei die Brille.
Er hat nichts abgekriegt, paar Spritzer Blut
Die putzt er weg. Dann sieht er Ruth.

Ruth hat die Tatwaffe in der Hand.
Zum Abschluss schießt sie noch mal in die Wand.
Kurt nimmt ihr die Knarre weg.
Ruth sagt: "Leck mich!"

Jetzt kriegt auch Kurt ein bisschen miese Launa.
Er denkt: "Wo ist mein Valium?"
Er sucht`s. Ein bisschen Zeit geht rum.

Und blicken tut er nicht mehr richtig durch.
Morgen – soll er? – geht er in die church
Oder – besser – in die Sauna?

Für Frank

Ich hänge die Jacke weg.
Liebe lässt immer paar Kleider zurück.
Seine Jacke also hängt
Jetzt in meinem Schrank.
Kommt er wieder, ist er froh
Über die verloren geglaubte Jacke.

Bruchstück

Frühe Kälte; Vollmond dazu.
Es wird im Nu immer kälter.
Auf der Wiese stehen paar Kühe.
Hier wird niemand geschont.

Die Rose

nach Wilhelm Klemm

Eine Rose blühte im Zimmer.
Daneben im Käfig rannte
Ein gefangenes Eichhörnchen
Stundenlang in seiner Trommel.
Faules Eichhorn! schrie
Die Rose, siehst Du denn nicht
Wie schwer ich arbeite –

Der Fisch

Der Fisch riecht nicht nach Fisch.
Nur der Tod riecht nach Fisch
Wenn er als Fisch auf den Tisch kommt
Und nicht mehr ganz frisch ist.

Wir mögen nicht den alten Tod.
Wir wollen ihn frisch, denn
Dann riecht er nicht nach Fisch
Dann essen wir gerne den Fisch –

Die Bustouristen

Im Tal am Wasserfall die kleine Mühle.
Im Gartenrestaurant fröhliche Bustouristen.
Fehlten sie
Wie schön würde das Wasser rauschen
Im Tal an der kleinen Mühle.

Abendlied

Guten Abend, gute Ruh
Der Tag macht jetzt den Himmel zu.
Es fiel heute viel Schnee
Und ich sah ein Reh.

Guten Abend, gute Ruh
Dieser Tag verging im Nu.
Der größte Elefant im Zoo
Stupste mich mit dem Rüssel am Po.

Es war ein kalter Tag, jetzt geht er
Lustig war er heut zu Peter.
So ist er nicht jeden Tag
Gestern steckte er Frank in den Sarg.

Guten Abend, gute Ruh
Dieser Tag verging im Nu –

Der Seher

Gibt es den Blick, der nie in einen Spiegel sah?
Ich steh davor und kämme mir das Haar.

Ich hab auch schon Bilder aus dem Kopf der Bombe gesehen
Und musste mir nicht mal den Hals bei verdrehen.

Auf der Straße liegen mit weißen Tüchern abgedeckte Leichen.
Mir scheint, die Bilder können niemals schweigen.

Und niemals kann der Seher seinen Blick abwenden
Und das Gesehene von Augenblick zu Augenblick beenden.

Doch nie verlässt sich der Seher darauf, dass die Bilder stimmen.
Seher sehen nämlich immer auch nach Innen! –

Moritat von den Konstanzer Parkbänken

Die Parkbänke, auf denen immer welche sitzen
Hat die Sparkasse gesponsert.
Schöne Messingschilder blitzen
Zu Ehren der Spenderin. An diesem Ort

Treffen sich die Wirte vom Wirtekreis.
Sie montieren die Parkbänke einfach wieder
Ab und verjagen Penner und Junkie-Geschmeiß.
Den Fliehenden entfahren grässliche Lieder.

Diese Typen störten hier den Frieden
Unserer Biergärten. Unsere zahlenden Gäste
Wurden durch besoffenes Gröhlen vertrieben.
Und niemals nutzten hier bloße Proteste.

Nun ist es vollbracht und geschehen.
Nun herrscht wieder Ordnung und Ruh.
Und wenn irgend jemand etwas gesehen
Hat, kneift er, Sonne blendet, die Augen zu –

Erinnerung

nach Georg von der Vring

Der längste Weg, den ich ging

Ging kreuz und quer durch mein Zimmer.

Ein verirrter Schmetterling

Kreuzte den Weg mir immer.

Dieser Falter, den ich nicht fing

Leuchtete und sein Geflimmer

War torkelnd und schien mir gering.

Auf meinem langen Weg durchs Zimmer.

Andauernde brennende Hitze!

nach Hermann Plagge

Nun küsst die Nacht dem heißen Tag die Stirne,
Der schlafend sich ins dürre Heu gelegt.
Dann hebt sie stumm den dunklen Arm und bietet
Der Pappel Ruhe die ein Blatt noch regt.

Sie kniet dann wieder nieder auf den Schläfer
Bis fern der Morgenwind die Flügel schlägt
Und allen Bäumen an der Straße rauschend
Die Dämmerung aus den Kronen fegt –

(16. Juli 1912)

Friedhof Allmannsdorf

Hier ist der Ort der immer Frieden hat.
Hohe Bäume rauschen leis an seinem Rand.
Wolken stehen lange über dieser Statt
Dann ziehen sie weiter in das blaue Land.

Ist hier denn nicht das Ziel? Zu diesem Tor
Führ`n alle Straßen die die Erde hat.
Hier endet auch mein Weg den ich so oft verlor
In dieser Stadt –

1924

Das Unaufhörliche

7.7.2006

Ich möchte über all das nicht mehr schreiben.
Den Fensterblick ins Dunkle, schwarz-rot-grell gezackt.
Davor das raffiniert illuminierte Münster – lass es bleiben!
Das wär die Stadt bei Nacht, cool und abgefuckt.

Das was zu sehen ist, sind Plattitüden.
Das, was du schreiben willst, muss zündend sein.
Nacht ist da um zu ermüden!
Und dieser Schlaf soll unaufhörlich sein –

Bär

Ich wünscht ich wär ein Bär
Ich fröre niemals mehr
Ich legte mich aufs Eis
Und trotzdem wär mir heiß.

Das heißt: Mir wäre warm.
Ich höbe meinen Arm
Ich meine: Vorderbein mit Tatze
Und kratzte mir die Fratze.

Nur könnt ich keine schneiden.
Würd ich darunter leiden?
Denn Bären haben keine Mimik
Und natürlich keine Komik.

Vielleicht wär ich bärbeißig.
Und ganz bestimmt nicht fleißig
Und niemals gar ein Dichter!
Ich wär viel schlichter –

Eidechse

Wäre ich eine Eidechse
Hätte ich gute Reflexe.

Aber mir könnte der Schwanz abfallen
Das würde ich nicht wollen.

Der Schwanz soll groß und fest sein
Und nicht so echsenhaft klein.

Hat die Eidechse nur ein Ei?
Ich bleibe lieber bei zwei!

Echse sein, scheint mir nicht sinnvoll
Mensch sein, das ist toll –

Die Jahre liegen auf der Lauer

Die Jahre liegen auf der Lauer
Wie Jäger auf dem Hochstand sitzen
Wenn Hirsche dort vorüberflitzen
Auf ihrem Weg zum Fleischbeschauer.

Die Jahre kann man nicht aufschlitzen
So bleibt im Bauch die Lebenstrauer.
Der Jäger liebt die Gassenhauer
Und vom Hochsitz runterspritzen –

Am Lützowplatz

Am Lützowplatz an den Rasenrändern
Spielen zwei Boys mit riesigen Ständern.

Sie spielen „Lützows wilde Jagd“
Ein Wortspiel, das es in sich hat.

Heute versteht es niemand mehr
Man macht jetzt einfach Geschlechtsverkehr –

Sommerpause in der Bodenseemetropole

31

Als ich erwachte war es grau und nass,
Der Regen wird den ganzen Tag nicht enden.
Vorbei ist jetzt des Sommers loser Spaß,
Der Regen wird den ganzen Tag nicht enden.
Touristen schüren heut nicht meinen Hass,
Der Regen wird den ganzen Tag nicht enden.
Die Sonnenbader bleiben still und blass,
Der Regen wird den ganzen Tag nicht enden.
Heut leb ich gern als schadenfrohes Aas,
Der Regen wird den ganzen Tag nicht enden.

Heißluftballons über Konstanz

Über der Altstadt Heißluftballone.
Die Dächer strahlen noch Hitze ab.
Darin Touristen, sie beherrschen die Zone
Von Konstanz, der Bodenseestadt
Sogar noch am Himmel
Mit ihrem raffgierigen Gewimmel.

Leider habe ich keine Kanone.
Leider ist das Abschießen von Touristen verboten.
"Ober! Noch mal zwei Schoko-Zitrone."
Hier wimmelt es von verfressenen Idioten.
Doch Bürgermeister und Wirtekreis
Lieben dieses zahlungskräftige Junkiegeschmeiß.

Ich nicht. Mich stören sie beim Leben und Denken.
Ich würde sie gerne tief in den Bodensee versenken –

Berlin

Ich war mal in Berlin
Dort ist es grün.

Berlin hat viele Bäume
Grün macht schöne Träume.

Bin sogar in Berlin geboren
War lange grün hinter den Ohren.

Dann sagte ich Berlin ade
Grün ist es auch am Bodensee.

Hier bin ich alt geworden
Berlin liegt jetzt im Norden.

Berlin ist eine rote Stadt
Wenn man noch ein Gedächtnis hat –

Einkaufsstadt Konstanz

Meinen Sie Konstanz zum Beispiel
Sei eine glückliche Stadt
Weil sie Wasser, Wein und Himmel
Wie in Italien hat?

Leute, Ihr irrt Euch mächtig
Die Seele von Konstanz ist tot
Die hier herrschen sind niederträchtig
Kaufgeil, geldgeil, verroht!

Der scheußlichste Ort den ich kenne
Ist die Konstanzer Innenstadt
Gerase, Gehupe, Gerenne
Gezeter, Geschimpfe, Geflenne
Das macht die Konstanzer platt.

Konstanzer, los, empört Euch!
Ergreift radikal Partei
Wenn ihr nichts tut zerstört Euch
Des Kapitalismus Raserei –

Lacher

Wahrlich, das sollte man nicht machen
So lauthals beim Begräbnis lachen.

Ja, der Tote habe sich das Genick gebrochen
Und sei dann auf allen Vieren gekrochen.

Das ist wirklich eine komische Sprache
Genau betrachtet – dass ich bloß nicht lache!

Doch bald ist es rapide zu Ende gegangen
Und der Zersetzungsprozess hat angefangen.

Nun ist alles mit Erde zugedeckt.
Nur ich bin bloßgestellt, als Lacher angeeckt.

Ich darf nicht mit zum Leichenschmaus.
Lacher werden geschnitten und sterben aus –

Das Los der alten bürgerlichen Schwulen

Es ist das Los der alten bürgerlichen Schwulen:
Um die Gunst junger Kellner und Arbeiter zu buhlen.

Ein gutes Trinkgeld hebt dich heraus aus der Masse der Alten
Und das Lächeln eines Handwerkers glättet deine Kummerfalten

Für den Moment einer geschäftlichen Verrichtung
Die wie Liebe aufscheint vor deiner endgültigen Vernichtung.

Dieses Los der alten Schwulen ist also zumeist eine Niete
Doch manchmal ist ein Hübscher darunter der bietet

Dir weitergehende Dienste an.
Wenn das passiert, dann steh deinen Mann!

Aber nicht so verdruckst wie Thomas es war.
Leg noch ein Scheinchen drauf und sag Ja –

Das Morgenbad im Bodensee

Wenn ich in Gedanken aus dem Rhein auftauche
Fühle ich mich so wie früher
Als ich noch dicke Havana-Zigarren rauchte
Und zwanzig Biere zischte bis in des Morgens Helle, so trüber –

Der Weg zum Kalten Feld

Wir gingen den Weg zum Kalten Feld.
Wir gingen ihn oft in diesen Jahren.
Es war die Zeit, als wir noch Kinder waren.
Und dieser Berg war unsere Welt.

Es war niemals derselbe Weg.
Der Weg war immer ein anderer.
Die Sonne stand tief und die Sonne stand schräg.
Ich und mein Schatten waren die Wanderer.

Viel war nie los auf dem Kalten Feld.
Das Kalte Feld war ein Ort der Ruhe.
Nie hat sich uns jemand beigesellt.
Nicht einmal Kühe.

Es war der Weg zum Kalten Feld.
Der Anstieg machte den Zauber aus.
Vom Duft der seltensten Disteln beseelt
Stiefelten wir bis zu Villa Maus.

Es gab auch noch das Knörzerhaus.
Fledermäuse gingen dort ein und aus.
Dort aßen wir eine Langnese-Eis.
Und die Magie ging trotzdem nicht flöten –

Die Reifenpanne

Ich stehe verärgert am Straßenrand.
Ein Reifen ist platt.
Einen Fahrer, der jetzt ran müsste, habe ich nicht.
Wo mein Ziel ist, da zieht es mich nicht hin.
Wo ich herkomme, naja ...
Ich bin verstimmt, aber
Das Rad muss gewechselt werden.

Ich mag Häuser im Bauhausstil

Ich mag Häuser im Bauhausstil
Und entworfen von Ludwig Wittgenstein
Leider gibt es davon nicht so viele
Und ich kann nicht Bewohner sein –

Ghasel

41

Ghaselen schreiben musst du täglich üben

Sonst lebst Du kläglich nur im trüben

Gleichklang der Jahre und der matten Stunden.

Mit jenen hingegen kommt es zu unsäglichen Schüben

Von Glück; wie Kiff und Koks die satten Kunden

Feiertäglich in den Himmel hüben

Wenns Geld nicht fehlte und sie nicht kläglich betrügen

Müssten den Pusher mit seinen Ratten und Hunden.

Erträglicher ist es, Taten mit Ghaselen zu verüben –

Die Sonne scheint

42

Die Sonne scheint, es riecht nach Linden.
Das ist der Duft von Alt-Berlin.
Dort stirbt die Mutter, ich kann nicht hin.
Wir werden uns erst jenseits wiederfinden.

Man ist so alt heut, wenn die Eltern sterben.
Ist selbst schon krank und zieht Bilanz.
Was soll der ganze Firlefanz
Mit achtzig noch etwas zu erben.

Die Sonne steht schon tief, die Linden duften.
Das war schon so, da war ich noch ein Kind.
Ich trug die Nase hoch im süßen Wind.
Jetzt alt in Konstanz würd ich selber gern verduften –

Stricher

43

Stricher wissen, wie man Liebe macht.
Stricher wissen nicht, was Liebe ist.
Sie kommen mit und geh`n in einer Nacht
Und wenn es gut war, habt ihr auch gelacht.

Stricher wissen nicht, was Sparen heißt.
Stricher hau`n die Kohle raus in einer Nacht.
Das war der Liebeslohn, auf den er scheißt.
Die Liebe ist`s, die lockt, die er verlacht –

Aus meinem Stundenbuch

44

Ich lebte grad, da das Jahrtausend schwand.
Die Heimcomputer, hieß es, stürzen ab.
Dies Thema war es, das der Zukunft Würze gab.

Beim Glockenschlag fiel mir die Hand herab
Vom Kopf. Weit sah ich in das Land
Es war nicht mehr so weit, da lag mein Grab –

Dickie Dackel

Schnupper schnupper Nase
Du bist doch kein Hase
Du bist ein lieber Dackel
Bitte sei kein Lackel!

Schnuppel schnuppel Schnäuzchen
Du jagst gerne Käuzchen
Doch du kannst nicht fliegen
Auch nicht auf Brechen und Biegen.

Los zisch ab du lange Töle
Hier gibt es Libellen viele
Danach kannst du schnappen
Hübsche Happenpappen.

Kriech nicht in den Fuchsbau rein
Dafür muss man dünner sein
Und ein Dackelfell voll Schlamm
Hat dein Frauchen gar nicht gern.

Kommen wir nach Hause
Machst du eine Sause
Springst und quiekst und bellst
Hier bist du Herr der Welt –

Boxkampf

Ich sage es nicht gerne, aber laut:
Dieser Mann sieht Sterne, denn er haut

Nein, er wird gehauen, dass es kracht
Die Faust in sein Gesicht und gute Nacht.

Da schauen auch die Frauen gerne zu
Wie Kerle sich verhauen – doch jetzt ist Ruh.

Es war ein schöner Boxkampf, ehrlich
Leider war er ungefährlich und entbehrlich.

Denn die sogenannten Boxer haben bloß getan
Als hätten sie Blei und Eisen im Arm

Und in den Fäusten, aber es war nur Fett.
Nun gehen die Boxer nach Hause und zu Bett –

Acht Limericks

1

Es aßen die alten Goten
Mittags ihr Fleisch mit den Pfoten.
Man kann aus so Sachen
Auch Limericks machen
Ein hübsches Spiel für Idioten –

2

Des Lebens Bilanz auf Risotto
Spricht mehr für Brutto als Netto.
Man macht seine Reime
Täglich daheime
Ich habe noch viele in petto –

3

Es lebte ein Weibsbild in Horben
Sie war in der Jugend umworben
War auch mal in Leimen
Es muss sich ja reimen
Sie ist dann in Horben gestorben –

4

Es malt da ein Maler in Herne
Schund zwar, doch malt er ihn gerne.
Oder war es in Hagen?
Ich kann es nicht besser sagen.
Von hier liegt beides so ferne –

5

Als Kurgast im schönen Bad Schachen
Nur Lesben, was soll er da machen?
Die Zeit sich vertreiben
Mit Limericks schreiben
Da kann er wenigstens Lachen –

6

Ich hatte ein Reimwort auf Köthen
Kaum hatte ich`s, da ging es schon flöten.
Wie kann ich`s bloß wieder finden?
Oder soll ich mich überwinden
Und sagen: Ist nicht mehr von Nöten –

7

Ein Konstanzer weiß nichts von Minden
Bestimmt gibt's in Minden auch Linden
Es muss ja irgendwas geben
In Minden oder Bad Steben
Da lässt sich doch sicher was finden –

8

Jetzt aber was anderes – na wo denn?
Natürlich mein ich Bad Soden
Es macht dieser Ort gleich
Den Dichter Salomon wortreich
Statt Limericks schreibt er jetzt Oden –

Die Langeweile

50

Die Langeweile ist schlecht angesehen.
Der Mensch liebt mehr das schnelle Zeitvergehen.
Ob schnell, ob lange – einerlei
Die Zeit läuft ab, schon ist`s vorbei –

Fasnacht 2023

Ror Wolfs gedenkend

Ich bin nicht Waldmann, bin nicht Pfeifer.
Nein, mit deren Übereifer und Gegeifer
Hab ich nichts am Hut – ich bin viel reifer.

Ich lüpfe ihn, den Hut, zum Gruß
Und aus dem Hut kommt kein Kaninchen, kommt kein Ruß.
Ja, wenn ich grüße, ist das ein Genuss!

Genuss für mich und auch Genuss für Leser.
Sie feiern fröhlich und sie leeren ihre Gläser.
Waldmann und Pfeifer tragen gelbe Blazer.

Aber wenn man von Manieren spricht –
Manieren kennen Pfeifer und auch Waldmann nicht.
Deshalb: Striktes Hausverbot für dies Gedicht!

Diese frechen Typen müssen draußen bleiben
Und ich will über andere Sachen schreiben
Zum Beispiel über dieses blöde Faschingstreiben –

Tagesende

*Jakob van Hoddis gedenken*d

Die Eisenbahnen rumpeln auf der Brücke.
Ich sah noch keine runterfallen.
Ich schaue hoch, es knackt in dem Genicke
So laut wie Chinaböller knallen.

Kein Lüftchen weht, die Luft steht still.
Und selbst bei Nacht ist es noch warm.
Die Jugend rast mit viel Gebrüll
Zu Fuß von Pub zu Pub als sei Alarm.

Den Bürgern ist das alles viel zu viel.
Sie würden liebend gern gestorben sein.
Am Gehweg gluckst ein schmaler Priel
Und eine angeleinte Dogge hebt ihr Bein –

Bilanz des Dichters

53

Die Dichtkunst kennt viele Gesetze.
Gedichte sind wirklich das Allerletzte.

Ich habe mein ganzes Leben vertan
Denn ich lebte mein Leben im Dichterwahn.

Jetzt bleiben mir nur noch wenige Jahre.
Bitte kein Gedicht an meiner Bahre!

Editorische Notiz

Das Buch versammelt Peter Salomons gereimte Gedichte in chronologischer Reihenfolge. Einige wenige ungereimte, die aber auch eingängigen Charakter haben, sind dazwischen geschmuggelt. Die noch unveröffentlichten sind im Inhaltsverzeichnis kursiv geschrieben.

Zu Seite 30 (Am Lützowplatz):
"Lützows wilde Jagd" ist ein ehemals populäres Gedicht von Theodor Körner (1813), dessen Titel in den deutschen Sprichwortschatz eingegangen ist. Carl Maria von Weber hat es 1814 vertont. Adolf Freiherr von Lützow (1782 - Berlin - 1834) war preußischer Reiteroffizier und Freischarführer in den Freiheitskriegen. Er gründete den Lützowschen Freikorps (Schwarze Schar), in das Körner, Jahn, Friesen und viele Studenten eintraten. Es wurde von französischen Truppen bei Kitzen unweit Leipzig teilweise aufgerieben. Der Lützowplatz in Berlin liegt am Landwehrkanal nahe dem Tiergarten.

edition imme

Peter Salomon / Wolfgang Brenneisen
Nonsenf
Books on Demand, Norderstedt 2022
ISBN 9783756207015

Wolfgang Brenneisen
Bücher! Bücher!
Books on Demand, Norderstedt 2022
ISBN 9783756862511

Wolfgang Brenneisen
Geschichten aus Absurdistan
Books on Demand, Norderstedt 2023
ISBN 9783738634501

Wolfgang Brenneisen
Die 77 Romane von Konrad Salik
Books on Demand, Norderstedt 2022
ISBN 9783754379271

Wolfgang Brenneisen
15 moderne Gedichte im kleinen roten Buch
Books on Demand, Norderstedt 2022
ISBN 783756211791